10 Jahre

sind

zuviel!

Gesammelt und aufgeschrieben
von Ernst Röhl,
im Bild festgehalten von
Heinz Jankofsky

Freundliche Grüsse
von
Heinz Jankofsky

INSEL POEL
23.07.
2000

SadoMaso-Projekt DEUTSCHE EINHEIT

10 Jahre sind zuviel!

Deutsch-deutsche Witze der Jahrtausendwende

Eulenspiegel Verlag

AUS LIEBE ZUR NATUR
VERGEUDET KEIN WASSER!
POLIZEI

»In Hessen mag's ja wirksam sein, aber eine sächsische Hausfrau schüchtern sie mit solchen Mätzchen nicht ein.«

»Ja, ja etwas groß, aber man muß ja auch nicht alles sehen!«

Unbedenklichkeits-Erklärung

Alle Leser dieses Buches sind gegauckt und mehrfach stasiüberprüft. Sie stehen fest auf den Füßen unserer freiheitlich-demokratischen Grundordnung und verteidigen die deutsche Volksmusik gegen Extremisten von links und rechts.

Westler
zum Ostler:
Wir sind ein Volk.

Ostler
zum Westler:
Wir ooch!

Ostler:
Herr Ober, welchen Wein
empfehlen Sie mir zum zehnten Jahrestag
der deutschen Einheit?

Kellner:
Kommt ganz drauf an mein Herr...

Ostler:
Worauf?

Kellner:
Wollen Sie feiern,
oder wollen Sie vergessen?

Was sich neckt, das liebt sich

Ein Vorwort

Vierzig Jahre lang waren Ostler und Westler einander von Herzen zugetan. Weil die D-Markationslinie sie trennte, gelang es keinem von beiden, dem anderen allzu nahe zu treten. Dann aber lernten sie sich dummerweise näher kennen.
Die stürmisch bejubelte Vereinigung von Brüdern und Schwestern erwies sich bald als haargenau die Sittenwidrigkeit, die sie war, als deutsch-deutscher Inzest, um es juristisch formuliert auf den Punkt zu bringen. Sie war, wie in miserablen Ehen, der untaugliche Versuch, Probleme, die dem Einzelnen über den Kopf gewachsen sind, im Doppelpack ihrer finalen Unlösbarkeit zuzuführen – ein Holzweg, der vom Regen unter Umgehung der Traufe direkt ins Abwasser führt!
Zunächst hatte der Ostler tatsächlich den Eindruck, er wäre im Westen hochwillkommen. Auf mich, dachte er, haben sie vierzig Jahre lang sehnsüchtig gewartet! Sie empfangen mich mit Sekt und Bananen, dachte er, sie loben meinen Trabi, sie drängen mir ihre Arbeitsplätze auf! Sie lieben mich abgöttisch!
Dachte er.
Erste Zweifel begannen sich zu regen, als ihm plötzlich

und unerwartet die Dumpfbacken-Hauptrolle in den Ostfriesenwitzen zufiel:

Ossi, wo warst du in Urlaub?
Keene Ahnung, erst mal die Fülme entwickeln.

Infolge eines vertrauenbildenden Begrüßungsgeldgeschenks in D-Mark kam es bereits Mitte November 1989 bei ALDI zu Konflikten. Der Konsumrausch an Deutschlands marktwirtschaftlichen Supermarktkassen führte zu endlos langen sozialistischen Wartegemeinschaften in Feindesland:

Aufschrei eines Kollektivs enttäuschter Ostler:
»Det is ja hier wie im Osten!«
Replik eines türkischen Bürgers vom Ende der Kundenschlange:
»Schnauze, Ossis! – Wir euch nicht gerufen.«

Damals wäre es noch nicht zu spät gewesen.
Bald jedoch folgte der Einigungsvertrag, den Wolfgang Schäuble (CDU) in Gestalt von Günter Krause (DDR) mit sich selber abschloß, und zwar zu Nutz und Frommen der deutschen Wirtschaft.
Schlawiner, Schlitzohren und Schwerverbrecher, die im Westen keine Dummen mehr finden, versuchen seitdem ersatzweise im Osten ihr Glück. Erst kürzlich nahm die sächsische Polizei einen raffinierten Drücker aus Castrop-Rauxel fest, der Dragees verkaufte, die angeblich die ewige Jugend garantieren; dieser Mann war ein Wiederholungstäter übelster Sorte und wegen des gleichen Delikts bereits mehrmals festgenommen worden, und zwar in den Jahren 1718, 1819 und 1920!
Das Störfeuer feindselig-ehrenrühriger Witze, das Nep-

»Ich höre so gern das Rennsteiglied. Aber das können sie wohl hier in Ostfriesland nicht, oder?«

pern, Schleppern, Bauernfängern und Alteigentümern im Osten entgegenprasselt, kann diese nicht schrecken, obwohl es sich bei diesen Pointen größtenteils um Crash-Kalauer handelt, die ihren Großvätern noch allemal willkommener Anlaß gewesen wären, die Spötter zu Duellen auf Leben und Tod herauszufordern:

Kennste den Unterschied zwischen einem
Westler und einem weißen Oberhemd?
Nee, keene Ahnung.
Mit'm weißen Oberhemd
kannste dich überall sehen lassen.

Kein Ehrenmann der Welt ließe dem Ostler derartige Beleidigungen ungestraft durchgehen. Die bis an die Zähne bewaffnete sowjetische Besatzungsmacht (»der Russe«) hat sich solche Verbalinjurien ein paar Jahre ruhig angehört und dann mit dem Ruf »Doswidanja!« die Kurve gekratzt. Für den Russen war das eine Frage der Ehre. Der Westler dagegen ist ein Masochist von niederer Gesittung. Parole: Schlag mich, beiß mich, kratz mich, gib mir unanständige Namen! Für diese profitgestützte Leidensbereitschaft hat er seine Gründe. Er hofft insgeheim, sich bei der Treuhand-Liegenschaftsgesellschaft für einen morschen Euroapfel und/oder ein faules Ei der Güteklasse C vielleicht doch noch ein paar Hektar unter den Nagel zu reißen. Für die vage Aussicht, ostdeutschen Grund und Boden billig abzustauben, läßt er sich demütigen nach Strich und Faden. Der entreicherte Ostler aber hat, seit er seinen Arbeitsplatz verlor, nichts mehr zu verlieren als seine erst vor ein paar Jahren wiedererlangten Ketten. Es kommt sogar schon vereinzelt vor, daß Helden aus der Heldenstadt Leipzig

»Die Freiheit nehm' ich mir.«

erneut aufbegehren und ihren Arbeitgeber brutal um eine Gehaltserhöhung anbetteln! Der Ostler wird unverschämter mit jedem Tag:

Sag mal, was könnte ich einem Westler
zum Geburtstag schenken?
Schenk ihm ein Zäpfchen.
Ein Zäpfchen? Wieso denn ein Zäpfchen?
Tja, was soll man einem Arschloch
denn sonst schenken?!

Hämokratie - jetzt oder nie!

1 *Westler im Osten*

Wo ist denn bloß mein zweites Händy!?

Natürlich gibt es immer noch ein paar gutmütige Ostler, die dem Westler, wenn sich's nicht vermeiden läßt, die Hand reichen; es gibt allerdings kaum noch einen Ostler, der nicht hinterher genauestens nachzählt, ob seine zehn Finger auch tatsächlich alle noch dran sind.

Westler: »Ekelhaft, wie schon drei doppelte Doppelkorn dich verändern!«
Ostler: »Aber ich hab doch gar nichts getrunken!«
Westler: »Du nicht, aber ich!«

✗ ✗ ✗

Westler: *»Du bist ein Rindvieh, mein Freund!«*
Ostler: *»Mag sein, ich frag mich bloß die ganze Zeit: Bin ich ein Rindvieh, weil ich dein Freund bin, oder bin ich dein Freund, weil ich ein Rindvieh bin?«*

♥♥♥

Westler: »Also schön, bitte sehr, meinetwegen, nehmen wir spaßeshalber an, es wäre nicht alles schlecht gewe-

sen! Aber ... wenn es wirklich so ist, kannst du mir doch bestimmt ein Beispiel dafür nennen, was wir aus der DDR übernehmen könnten?«
Ostler: »Wie wär's mit den Immobilien?«

Der Westler in der Ostkneipe: »Herr Ober! Dalli-dalli, ein Bier, eh es wieder losgeht!«
Der Kellner bringt das Bier. Der Westler schüttet es runter und ruft: »Ober! Schnell noch eins, eh es wieder losgeht!«
Nach dem fünften Bier ist immer noch nichts losgegangen, und dem Ober wird es langsam zu dumm. »So, mein Junge«, sagt er, »jetzt hältste erst mal die Schnauze und bezahlst deine fünf Bier!«
Der Westler deprimiert: »Ich hab's geahnt – jetzt geht das schon wieder los!«

»Bei der letzten Umfrage ist er ›Kellner des Jahres‹ geworden.«

»Vor der Wende mußten wir Wein zum Essen trinken. Heutzutage nehmen wir selbstverständlich Coca Cola!«

»Wir Berliner Kumpels nehmen hier in festlicher Stimmung gepflegtes Bier und eiskalten Qualitätswodka zu uns; aber der Herr aus dem Rheinland bestellt sich einen popligen Pinot blanc d' Alsace.«

»Lächle ein bißchen, ich glaube, die übertragen das im Fernsehen.«

»Zum letzten Mal! Bei dem Satz: ›Dresdner Bier – schmeckt mir‹, nicht so lallen.«

Der Westler im Ost-Hotel

Das Zimmermädchen ist haargenau seine Kragenweite. Um gar nicht erst in den ehrenrührigen Verdacht der Impotenz zu geraten, tritt er die Flucht nach vorn an und wird zudringlich. Kluge Mitarbeiterinnen der Dienstleistungsbranche pflegen auch ausgefallene Wünsche ihrer Hotelgäste zu erfüllen, dieses spielverderberische Zimmermädchen aus den neuen Bundesländern jedoch hat offenbar alles verdrängt, was sie über ihre miserablen Chancen am Arbeitsmarkt schon mal wußte. Auf reichlich vulgäre Weise erhebt sie Einspruch:

»Finger weg, du Penner! Ick bin doch keene Nutte!«

Westler, irritiert:

»Na, hör mal, wer redet denn vom Bezahlen?!«

»Stell ja meinen Goldbrand wieder hin! Ihr Wessis denkt wohl, ihr könnt euch alles erlauben.«

Die Liebe in Zeiten des Hochwassers

Axel, ein aufstrebender Leutnant der Bundeswehr, hat beim Kampf gegen die Jahrhundertflut die Uschi kennengelernt, ein zwar einfaches, im großen und ganzen aber doch einigermaßen nettes, reinliches Mädel aus Frankfurt an der Oder. Als das Hochwasser zurückweicht, versiegt auch Leutnant Axels Leidenschaft. Er teilt es ihr schriftlich mit, und sie treffen sich ein letztes Mal am Ufer des Schicksalsstroms. Uschi, mit Tränen in den Augen: »Ach, Axel! Es war der schrecklichste Augenblick meines Lebens, als der Postbote mir deinen Abschiedsbrief brachte. Ich wollte Schluß machen, ich wollte nicht mehr weiterleben, ich wollte mich erschießen, hatte aber leider nicht genug Geld, mir einen Revolver zu kaufen ...«
»Dummerchen, den hätte ich dir doch geborgt!«

»»Das ist noch guter alter Kristallklarer. Der schleicht sich langsam an den Trinker heran, um ihn dann schlagartig zu Boden zu werfen.«

»Ins Gästebuch trägt man sich selbstverständlich mit einem Pelikano ein, nicht mit so'm ollen Füller von Markant.«

Konsul Meyer aus Know-How-Country, Jagdpächter in der Schorfheide, schießt zwar fleißig, richtet aber in der Fauna der Uckermark weiter keinen Schaden an. Der Förster, der schon Erich Mielkes Scharfschützen in Ausübung der sozialistischen Jagd erleben durfte, faßt sich ein Herz und wagt einen kritischen Kommentar:
»Leider wieder knapp daneben, Herr Konsul ...«
Konsul Meyer:
»Na, wenn schon – die Hasen sehen jedenfalls meinen guten Willen.«

Konsul Meyer hat bei der Treibjagd unabsichtlich einen Jagdhelfer angeschossen.
Der Förster ist außer sich: »Aber, Herr Konsul! Der Mann hat Ihnen doch noch ganz laut zugerufen, daß er gar kein Wildschwein ist, haben Sie denn das nicht gehört?«
Konsul Meyer: »Doch, schon, aber ich dachte, die Sau blufft ...«

> **!**
> Westler: »Pardon, würden Sie mir einen Gefallen tun?«
> Ostler: »Gerne – wenn ich kann.«
> Westler: »Wechseln Sie mir doch bitte diesen Hundertmarkschein in elf Zehner!«
> Ostler: »Sie meinen – in zehn Zehner!?«
> Westler: »Na, hörnse mal, Sie Scherzkeks! Dann täten Sie mir doch keinen Gefallen!«

»Hier habe ich ein paar Werbespots, auf die schon voriges Jahr viele Ossis reingefallen sind.«

»In der DDR brauchte man früher drei Antragsformulare – damit ist nun zum Glück Schluß. Jetzt brauchen Sie vier!«

Der Westler in der mecklenburg-vorpommerschen Spielbank Bad Doberan: »Tempo, Tempo, Croupier! Dreh dein müdes Roulette gefälligst ein bißchen flotter! So langsam wie bei dir kann ich mein Geld auch an der Börse verlieren.«

♥♥♥

Die nette, ältere, weißhaarige Dame aus dem Westen fragt in der Straßenbahn den kleinen Ostler mit Schulmappe: »Möchtest du nicht vielleicht ausnahmsweise mal aufstehen, mein Kleiner?«
»Nö, lieber nicht!« – »Und warum nicht?«
»Blöde Frage! Du willst dich ja bloß auf meinen Platz setzen, Oma.«

Ein Westler, drei Ostler und fünf Ausländer logieren in einem Wohnheim; hier ist die Elektroanlage genauso marode wie die Gasleitung undicht. Eines Vormittags gegen elf Uhr gibt es eine entsetzliche Explosion.

Das Haus fliegt in die Luft.

Nur einer hat Glück und bleibt wie durch ein Wunder unverletzt: der Westler. Klar! Er war um elf natürlich nicht zu Hause; denn er hatte als einziger eine Stelle.

✗ ✗ ✗

Der Westler weilt mit seinem Frauchen zu Besuch im Osten. Der Gastgeber bewirtet die beiden nach Kräften, und den Westlern gefällt es ganz prima. Jedenfalls ist es schon weit, weit nach Mitternacht, als der Gast von drüben sich ebenso höflich wie beiläufig erkundigt: »Wir wollten eigentlich gar nicht so lange bleiben, hoffentlich verkürzen wir Ihnen nun nicht Ihre Nachtruhe!«
Ostler: »Aber nicht doch – um diese Zeit stehen wir sowieso immer auf.«

Die Logik der Ostler folgt dunklen, undurchschaubaren Gesetzen. Das mußte ein junger Polizist aus Wuppertal erfahren, der vorübergehend nach Cottbus versetzt worden war und noch heute im Kreise seiner rheinischen Freunde kopfschüttelnd von einer Begegnung der dritten Art berichtet. Nichts Böses ahnend, erzählt er, habe er in der Lausitz-Metropole pflichtgemäß seine Runde gemacht und kaum gewagt, seinen Augen zu trauen, als ihm plötzlich – in der Einbahnstraße – eine ältere Dame auf dem Fahrrad entgegen gekommen sei, in der kleidsamen Tracht der Sorben übrigens. Da diese jedoch die Einbahnstraße in der falschen Richtung befahren habe, hätte er sich gezwungen gesehen, unverzüglich die erforderlichen Maßnahmen zu ergreifen.

»Stop!« habe er befohlen. »Sie befahren eine Cottbusser Einbahnstraße verkehrswidrig in Gegenrichtung!«

Die Radlerin ihrerseits habe ihm nur einen stolzen Blick zugeworfen und ihm, ihre verkehrswidrige Fahrt fortsetzend, entgegnet: »Das betrifft mir nicht, Herr Wachtmeister – ich bin aus Spremberg!«

In Ostdeutschland ist eine neue Form von besonders perfidem, terroristischem deutsch-deutschem Mobbing in Mode gekommen. Immer, wenn die Ostler einen Westler demütigen wollen, weisen sie mit erigiertem Zeigefinger auf ihn und brüllen:
»Kiekt mal, kiekt mal! Den Penner hamwa jestern bei ALDI jesehn!«

♥♥♥

Familie Semmelmeyer ist von Frankfurt am Main nach Frankfurt an der Oder umgezogen. Sohn Robert, nach dem ersten Schultag: »Mami, stell dir vor! Die rechnen hier erst bis fünfzig, wir haben drüben bei uns in Frankfurt schon bis hundert gerechnet! Ob das daran liegt, daß wir klüger sind?«
Frau Semmelmeyer: »Kann schon sein.«
Robert, nach dem zweiten Schultag: »Mami, im Deutschunterricht sind sie genauso weit hinterher – die schreiben erst bis zum Buchstaben O, wir waren schon bei Z. Ob das daran liegt, daß wir klüger sind?«
Frau Semmelmeyer: »Sieht ganz danach aus.«
Robert, nach dem dritten Schultag: »Mami, der Sportunterricht war das Allerschärfste! Du ahnst ja nicht, was beim Duschen los war! Ich bin schon wieder groß rausgekommen! Die hatten alle bloß so'n ganz, ganz kleinen Schniedelwutz – höchstens sieben Zentimeter! Ich hatte den allerlängsten: vierzehn Zentimeter! Ob das auch daran liegt, daß wir klüger sind?«
Frau Semmelmeyer: »Möglich – kann aber auch daran liegen, daß die alle erst sieben sind und du schon siebzehn!«

*»Du weißt ja, wie weit unsereins
mit dem normalen Gehalt so kommt ...«*

Die Macht der Idee

Drei Schnorrer – Paule, Hotte und Bruno – bilanzieren ihre Tageseinkünfte. Paule hatte einen saumiesen Tag. »Bloß vier Mark fuffzig«, klagt er, »absoluter Negativrekord! Standort ALDI-Eingang – na, Hilfe! Und mein Schild HABE HUNGER! war auch echt scheiße.«

Hotte hat immerhin einundzwanzig Mark zwanzig kassiert. »Viel isses nicht«, sagt Hotte, »aber der Mensch freut sich.« Er hat stundenlang vor dem KAUFHOF ausgeharrt, doch auch sein Schild war genaugenommen ein Schuß in den Ofen:

BIN OBDACHLOS UND HABE HUNGER!

»Hunger, Obdachlosigkeit – solche Sprüche sind doch total out«, sagt Bruno und greift aus seinem Rucksack eine Handvoll großer Scheine raus. Genau siebenunddreißigtausendvierhundertachtunddreißig Mark. Hotte ist sprachlos, und auch Paule entringt es sich erst nach einer extralangen Schweigeminute: »Ick werd verrückt! Sag mal, Bruno, haste im Lotto jewonn'?!«

»Das nicht«, sagt Bruno, »aber im Gegensatz zu euch hatte ich 'ne Idee! Ich hab mich vor den Hauptbahnhof gesetzt mit dem Schild des Jahres:

BIN WESSI
UND WILL NACH HAUSE!

Notizen aus der Provinz

Der deutsche Kanzler unternimmt mit der Kanzlerlimousine eine Wahlkampfreise durch die fünf neuen Bundesländer. Weil er hin und wieder das Auto gern mal eigenhändig lenkt, drängt er seinen Chauffeur auf den Beifahrersitz ab. Leider hat er bei einer Ortsdurchfahrt Pech und überfährt ein freilaufendes Huhn. Sofort stoppt er seine gepanzerte Limousine, um sich bei dem betroffenen Hühnerhalter zu entschuldigen. Die humorlosen Bauern jedoch bewerfen nach altem Brauch ihren Kanzler zunächst mit Eiern und prügeln ihn anschließend grün und blau.

Aus Schaden wird man klug, darum überläßt der Kanzler nach diesem Erlebnis an der Ostfront vorsorglich seinem Chauffeur wieder das Lenkrad. Der nun hat bei der nächsten Ortsdurchfahrt seinerseits Pech und überfährt ein freilaufendes Ferkel. Sofort stoppt auch er und geht – natürlich mit gemischten Gefühlen – ins Bauernhaus, um sich zu entschuldigen. Der Kanzler, der sich besser als jeder andere denken kann, daß gleich Furchtbares passieren wird, lacht sich voller Vorfreude eins ins Fäustchen. Zu seiner maßlosen Überraschung jedoch kehrt der Chauffeur mit einem riesengroßen Präsentkorb zurück. Verblüfft fragt der Kanzler nach dem Grund für die kränkende Ungleichbehandlung. »Ich glaube, ich hab mich ein bißchen ungenau ausgedrückt ...«, erklärt der Chauffeur.

»Was hast du denn gesagt?«

»Pardon, hab ich gesagt, ich bin der Chauffeur vom Bundeskanzler und wollte nur Bescheid sagen, daß ich das Schwein draußen auf der Straße überfahren habe.«

Ode an den Bänker

Laßt nur die Wirbelstürme brausen!
Laßt Föhne und Orkane wehn!
Laßt sie die Eigenheime zausen,
laßt Fertighäuser untergehn,
laßt Ziegel von den Dächern krachen –
was kann dabei schon groß geschehn!
Der deutsche Bänker hat gut Lachen:
Die Hypotheken bleiben stehn.

2 Der Chef stammt aus'm Westen

Traum vom Fliegen

Ehrlich gesagt, der Arbeitnehmer im Osten hat es mit der Vereinigung gar nicht schlecht getroffen. In den Jahren des schweren Anfangs kam er in IGELIT-Schuhen zu Fuß zur Arbeit. Dann kam er mit dem MIFA-Rad. Dann mit dem SIMSON-Moped. Dann, nach der Wende, mit dem VW. Und bald hat er das geschafft, was seinen Kollegen schon gelungen ist: Bald wird er fliegen.

Ostler: »Eigentlich wär's ja höchste Zeit für ein neues Wirtschaftswunder, bloß, wie stellen wir das am schlausten an?«
Westler: »Kein Problem – ich wirtschafte, und du wunderst dich.«

●

Der West-Hahn rollt ein riesengroßes Straußenei in den Ost-Hühnerstall, baut sich vor den verdutzten Hennen auf und kräht aus voller Lunge: »So, meine Damen, ich wollte Ihnen bloß mal kurz vorführen, wie bei uns drüben gearbeitet wird!«

DER CHEF: »Koslowski, das eine muß zwischen uns klar sein: Kein Wort zu andern Leuten über die Höhe des Gehalts, das ich Ihnen jeden Monat zahle.«
KOSLOWSKI: »Einverstanden, Chef. Ist mir übrigens genauso peinlich wie Ihnen.«

✗ ✗ ✗

»Chef, ich brauch 'ne Gehaltserhöhung; mit dem, was Sie mir zahlen, kann ich keine großen Sprünge machen ...«
»Soll'n Sie auch nicht, Bollmann, ich hab Sie ja als Laufburschen eingestellt und nicht als Känguruh!«

»Manchmal denke ich, sein Unternehmen ist gar nicht so gesund, wie die Zeitungen immer schreiben.«

»Sie wollen doch, daß das Kapital arbeitet ...«

Die Ehefrau: »Fritz, hat dir der Chef denn nun endlich die versprochene Gehaltserhöhung gewährt?«
Der Arbeitnehmer: »Noch nicht direkt, Schatz, aber so langsam tut sich was: Seit gestern darf ich näher am Ausgang sitzen, damit ich nach Arbeitsschluß schneller bei dir bin.«

???

Arbeitnehmer, *zerknirscht*: »Chef, entschuldigen Sie bitte, daß ich zu spät zur Arbeit komme! Gerade als ich zu Hause losgehen wollte, bin ich die Treppe runtergestürzt ...«
CHEF: »Das ist die dümmste Ausrede, die ich je gehört habe. Denken Sie doch bloß mal nach! Wer die Treppe runterstürzt, kommt doch zwangsläufig zu früh auf Arbeit!«

CHEF: »Herr Mennel, Sie kommen in dieser Woche schon zum fünften Mal zu spät! Was denken Sie sich eigentlich dabei?«
»Dabei denk ich mir, daß heute Freitag ist ...«

***

ARBEITNEHMER: »Chef, ich hab die Grippe, morgen muß ich wohl doch mal ausnahmsweise einen Tag zu Hause bleiben.«
BAUUNTERNEHMER: »Tut mir leid, aber in meiner Firma wird grundsätzlich nicht krankgefeiert!«
ARBEITNEHMER: »Ich hab hohes Fieber und ganz schrecklichen Schüttelfrost!«
BAUUNTERNEHMER: »Na, großartig, Mann! Dann sind Sie ja genau der richtige Mann zum Sandsieben!«

Der Chef ist außer sich: »Waaaas! Zweihundert Mark haben Sie allein für Hundefutter ausgegeben?!«
BUCHHALTER: »Für den Hund des Nachtwächters, Chef.«
CHEF: »Das sind genau zweihundert Mark zuviel! Der Hund fliegt raus, der Nachtwächter kann meinetwegen bleiben, aber nur, wenn er das Bellen mit übernimmt.«

Elvira hat den ersehnten Arbeitsplatz als Sekretärin ergattert. Neugierig fragt sie die Chefsekretärin: »Sagen Sie bitte, wie ist unser Chef denn eigentlich so?«
»Och, der hat ein ziemlich ausgeglichenes Temperament.«
Elvira hinterfragt: »Ausgeglichenes Temperament? Was heißt das?«
»Gleichbleibend ekelhaft.«

Mißverständnis

»Runkelbauer, wie können Sie es wagen, von mir eine Gehaltserhöhung zu verlangen!«
»Naja, Chef, ich dachte ...«
»So, so, Sie dachten!«
»... ich dachte, Chef, weil Sie persönlich es vorgeschlagen haben!«
CHEF: »Iiich?! Ich hätte Ihnen eine Gehaltserhöhung vorgeschlagen?!«
»Genau!!! Sie haben wörtlich gesagt: Wenn ich mit Ihnen zufrieden bin, Runkelbauer, kriegen Sie von mir eine Gehaltserhöhung.«
»Mann, Runkelbauer, überlegen Sie doch mal! Wie kann ich denn mit Ihnen zufrieden sein, wenn Sie von mir eine Gehaltserhöhung verlangen!«

»Da siehst du es, die Leute haben heutzutage viel zu lange Urlaub.«

FRAGE:

Wie kriegt man eine Firma garantiert kaputt?

Antwort: AUF DREIERLEI ART.

Erstens DURCH FRAUEN – das macht am meisten Spaß.

Zweitens DURCH SAUFEREI – das klappt mit absoluter Sicherheit.

Drittens INDEM MAN EINEN WESTLER ALS GESCHÄFTSFÜHRER EINSTELLT.

Das geht mit Abstand am schnellsten!

Der neue Abteilungsleiter aus dem Westen sitzt am allerersten Arbeitstag in seinem neuen Büro. Überraschend betritt ein Mann im Monteurkittel den Raum. Der Abteilungsleiter greift demonstrativ zum Telefonhörer und beginnt hektisch zu telefonieren: »Aber ja, Herr Direktor! Selbstverständlich, Herr Direktor! Herr Direktor nehmen mir das Wort aus dem Mund! Wird sofort erledigt, Herr Direktor! - Tschühüß, Herr Direktor!« Triumphierend legt er auf und wendet sich an den Besucher: »So, das wäre das ... Und was kann ich nun für Sie tun, mein Freund?«
»Gar nichts – ich soll bloß Ihr Telefon anschließen.«

»Ich trau ihm nicht recht, für einen Minister hat er zu wenig Bestechungsgeld genommen.«

»Er ist Umschüler – vorher war er bei der Polizei!«

Der Prokurist erklärt dem neuen Mitarbeiter das Betriebsklima: »Passen Sie auf, mein Lieber! Sie haben es gut getroffen hier bei uns; denn der Chef ist ein sehr humorvoller Mensch. Es kommt öfter mal vor, daß er einen Witz reißt. Und wenn das passiert, sollten Sie in Ihrem eigenen Interesse keinen Fehler machen: Lautes Lachen hält er für plumpe Vertraulichkeit, Schmunzeln für Arroganz und Schweigen für ein Zeichen von Dummheit. Also, richten Sie sich danach!«

»Wenn sie die Wartenden vor dem Arbeitsamt sehen wollen, müssen sie sich ein Kissen unterlegen, Herr Minister.«

Gleicher Lohn für gleiche Arbeit

Ein dreifach Hoch dem deutschen Gewerkschafter! Alle Redner stehen still, wenn sein starker Arm es will.

Gewerkschaftsboß:	Schluß! Aus! Ende!
Gewerkschaft:	Jaaaaa, Feierabend!
Gewerkschaftsboß:	Es muß Schluß sein ...
Gewerkschaft:	Jawoll!
Gewerkschaftsboß:	Wir fordern für gleiche Arbeit gleiche Löhne!
Gewerkschaft:	Und gleiche Gehälter!
Gewerkschaftsboß:	Die Kollegen im Osten müssen das Gleiche kriegen wie die Kollegen im Westen!
Gewerkschaft:	Jawoll! Wir fordern Gerechtigkeit!
Gewerkschaftsboß:	Und die Kollegen im Westen müssen das Gleiche kriegen wie die Kollegen im Osten!
Gewerkschaft:	So isses! Wir fordern Gleichheit!
Gewerkschaftsboß:	Aber nicht erst in zehn Jahren, sondern ...
Gewerkschaft:	... sofort! Heute noch, spätestens morgen!

Gewerkschaftsboß: Schluß mit der Ungleichheit!
Gewerkschaft: Schluß damit!
Gewerkschaftsboß: Wir fordern 85 Prozent ...
Gewerkschaft: ... auch im Westen!
Gewerkschaftsboß: Kollegen, ihr seid super! Ich wußte, auf euch ist Verlaß!
Gewerkschaft: Wir machen jede Sauerei mit!
Gewerkschaftsboß: Danke! Demnächst werden Löhne und Gehälter im Westen um 15 Prozent gekürzt!

Gewerkschaft *stimmt ein Kampflied an:*

Oh, wie ist das schön,
oh, wie ist das schön,
so was hat man
lange nicht gesehn,
so schön,
so
schööön ...

Treffen sich zwei Ostler auf Arbeit...

Drei Männer gehen durch Leipzig. Der Erste hat 'ne Brille. Der Zweite hat 'ne Glatze.
Frage: Was hat der Dritte?
Antwort: Der Dritte hat keine Arbeit, logisch! Denn jeder Dritte hat keine Arbeit.

Was sagt ein arbeitsloser Philosoph zu einem Philosophen, der noch Arbeit hat? –
Er sagt: »Eine Currywurst, bitte, Herr Professor!«

»Die Ballaststoffe sind die Kartons.«

»Sie sind so unentschlossen, wollen sie die Zeitung lesen oder was drin einwickeln?«

Der Ostler läßt sich regelmäßig vom Friseur rasieren. Das Rasieren jedoch wird teurer von Tag zu Tag. Der Friseur weist jede Schuld weit von sich: »Tut mir leid, mein Herr, der Preis muß die Kosten decken. Je länger die Gesichter – desto teurer das Rasieren!«

Ostler: »Seit ich in der Marktwirtschaft lebe, rechne ich mit allem. Zum Beispiel bin ich gar nicht mehr so sicher, daß mir das Leben tatsächlich mal geschenkt worden ist; schwarz auf weiß, schriftlich und notariell beglaubigt, hab ich das jedenfalls nicht. Darum bin ich für alle Fälle darauf vorbereitet, daß eines Tages mein früherer Besitzer auf der Matte steht.«

Der Kleingewerbetreibende: »Ob Sie's glauben oder nicht, ich verdiene in meinem Geschäft nicht das Salz in der Suppe, ich mach Tag für Tag bloß Minus ...«
Kunde: »Aber wo bleibt denn da die Logik! Nur mal angenommen, Sie machen tatsächlich Ihr tägliches Minus – wie schaffen Sie es dann überhaupt, von Ihrem Geschäft zu leben?«
»Mit Trick 17, mein Freund! Am Wochenende mach ich immer Plus, und wissen Sie, warum? Am Wochenende bleibt der Laden zu.«

»Ich hab die Wagen nicht auseinandergekriegt.«

Alles noch mal gut gegangen

Es hält der beste Mittelstand
nicht lange
ohne Mittel stand:

Der Inhaber einer kleinen Druckerei ist verzweifelt. Er macht so gut wie gar keinen Umsatz, auf dem Firmenkonto ist ständig Ebbe. Zum Glück hat er eine künstlerische Ader und beschließt, ein paar Blüten anzufertigen, Falschgeld, wie man so sagt. Er zeichnet sich einen täuschend ähnlichen Siebzigmarkschein, druckt ihn in einer größeren Auflage und weiß natürlich, daß ihm die gefährlichste Etappe noch bevorsteht; selten nur toleriert der Staatsanwalt den Gewerbefleiß des Falschmünzers. Um jedes Risiko auszuschalten, schickt der Meister den Lehrjungen mit einem druckfrischen Siebzigmarkschein zum Wechseln in die nahegelegene Sparkasse und läßt vorsichtshalber schon immer das Fluchtauto warmlaufen ... Doch der Lehrjunge verläßt mit dem Wechselgeld in der Hand unbehelligt die Sparkasse.
Meister: »Sag bloß, die haben dir den Siebzigmarkschein tatsächlich gewechselt!«
Lehrjunge: »Anstandslos, Meister!«
Meister: »Aber, Junge, in was denn bloß?«
Lehrjunge: »In einen Dreißig- und einen Vierzigmarkschein!«

»Bevor ich ihnen die abgehobene Summe auszahle eine letzte Frage: Können Sie überhaupt mit Geld umgehen?«

Der Ostler weiß sich keinen Rat mehr und entschließt sich zu einer Existenzgründung als Bankräuber. Maskiert und bis an die Zähne bewaffnet, stürmt er in den Schalterraum der Sparkasse und bedroht den Kassierer schweigend mit dem Revolver. Wortlos schiebt er ihm einen Zettel zu. Der Kassierer liest den Zettel, zuckt die Achseln und schiebt den Zettel retour mit den Worten: »Das muß ein Irrtum sein, mein Herr! Auf dem Zettel steht: 5 Pfund Kartoffeln, 10 Eier, 1 Stück Margarine, und vergiß nicht wieder, den Anzug aus der Reinigung zu holen!«

Chef zum Azubi: »Morgen melden wir Konkurs an, mein Junge, damit du das auch mal lernst.«

»Zum letzten Mal«

Patient: »Herr Doktor, ist meine Krankheit lebensgefährlich?«
Arzt: »Nein, nein, wo denken Sie hin!«
»Schonen Sie mich nicht, Herr Doktor, sagen Sie mir die ganze Wahrheit! Ist meine Krankheit wirklich nicht schlimm?«
»Natürlich nicht – sonst hätten Sie doch schon längst die Rechnung!«

»Im Westen wäre die Wunde schon verheilt.«

Arzt zum Patienten: »Sie wissen hoffentlich, daß jede Konsultation bei mir hundert Mark kostet.«
Patient: »Ja, weiß ich.«
Arzt: » Hoffentlich wissen Sie auch, daß ich Ihnen für ein so moderates Honorar nur maximal zwei Fragen beantworten kann.«
Patient beunruhigt: »Für hundert Mark nur zwei Fragen – ist das nicht ein bißchen wenig für soviel Geld?«
Arzt: »Kann sein. Dies als Antwort auf Ihre erste Frage. Wie lautet die zweite?«

*»Sie brauchen die Zeitung ja nicht zu lesen,
abonnieren reicht schon.«*

*»Nein, nein, nach dieser Kosmetik sehen Sie nicht
wie Claudia Schiffer aus.
Höchstens wie Claudia Nolte.«*

Gesundheit in Deutschland

Das deutsche Volk ist das gesündeste Volk Europas, wenn nicht der Welt.

Nie zuvor war es so gesund wie heute!

Die Deutschen wissen inzwischen: Krankheit ist bloß eine schlechte Angewohnheit.

Nie zuvor mußten in deutschen Firmen so wenig Mitarbeiter krankheitshalber der Arbeit fernbleiben. Ein Unternehmen braucht nur noch anzukündigen, es werde im Rahmen der Personalentsorgung zehntausend Mitarbeiter freisetzen – schon sinkt der Krankenstand im freien Fall unter Null. Leidensverweigerung als Volkssport! Es lebe der zähe deutsche Arbeitsplatzbesitzer, der einfach nicht totzukriegen ist!

Aber! Gesundheit kann auch ein Fluch sein.

Da sich kein Patient mehr blicken läßt, erkranken die Ärzte ihrerseits an Unterforderung und Profilneurosen und landen in der Klapse. Sogar das Millionenheer der Hypochonder und Simulanten ist auf Nimmerwiedersehn verduftet. Die Apotheker raufen sich die Haare, die Pharmaindustrie ist verzweifelt: Wohin mit all den Zäpfchen, Tropfen, Pillen und Tabletten?

Die Gesundheitsreform greift.

Wohin,
das kriegen wir später.

Übrigens, ich soll Sie schön grüßen.
Vom Bundesgesundheitsminister!
Bleiben Sie schön gesund, ruft er uns zu,
ich kann Ihnen auch nicht helfen.

Erster Ostler: Du, der Westler hat gesagt,
es ist unmöglich, einem Trottel wie dir
was beizubringen!«

Zweiter Ostler: Da kannste mal wieder sehn,
daß er seiner Aufgabe
nicht gewachsen ist!«

Der Unterschied zwischen dem öffentlichen Dienst und einer Nietenhose.

???

Bei der Jeans sitzen die Nieten an der richtigen Stelle.

Otto zu Richard: Richard, kennst du den
Büskens aus Wanne-Eickel?

Richard zu Otto: Den kenn ich, Otto,
dem hab ich ja gestern erst
fünfzig Mark gepumpt.

Otto zu Richard: Ach nee! Und ich dachte,
du kennst den.

Otto und Richard sitzen auf der Parkbank und klagen über die Kolonisatoren aus Know-How-Country. Eine Amsel fliegt über sie hinweg und läßt im Fluge fallen, was Vögel im Flug mitunter fallen lassen.
Richards neue Jacke jedenfalls ist total versaut.
Richard verbittert: »Siehste, Otto – uns scheißen sie an, aber für die Westler singen sie!«

»Daß du die Kirchhofsmauer als Werbefläche vermietet hast, toleriere ich noch. Aber zum Abendmahl Fanta und Chips zu reichen, geht einfach zu weit, mein Sohn.«

Seit mit dem Verschwinden der DDR auch die Stasi-Postschnüffelei unwiderruflich der Vergangenheit angehört, kann der Ostler endlich wieder reden und schreiben, wie ihm ums Herz ist. Dieter aus Teterow schreibt an Onkel Paul in Hamburg-Eidelstedt:

»Lieber Onkel Paul! Vielen Dank für dein liebes Paket. Ich habe die Maschinenpistole und die Munition im Garten verbuddelt ...«

Vierzehn Tage später schiebt er einen Brief nach:

»Lieber Onkel Paul!
Du kannst die Blumenzwiebeln jetzt schicken, der Garten ist komplett umgegraben ...«

»Das ist der Gastdirigent aus dem Vogtland. Wer weiß, ob der überhaupt Noten lesen kann.«

Warum

nehmen alle Ostler neuerdings eine Leiter mit ins Kaufhaus?
Weil die Preise immer höher steigen.

Egal,

was böse Zungen behaupten mögen, auch die Ostler sind vorangekommen:
Früher haben sie im Kollektiv kritisiert – heute mobben sie im Team.

Vom Nutzen der Arbeitsämter

In den fünf neuen Bundesländern
wird die Arbeitslosigkeit
von Jahr zu Jahr größer.

Frage: Wozu gibt es eigentlich Arbeitsämter?

Antwort: Damit jeder Ostler einer geregelten Tätigkeit nachgehen kann.

Wußten Sie schon...

daß der

Arbeitslose

einst, zu DDR-Zeiten,

WERKTÄTIGER

hieß,

der sogenannte

Workaholic

sogar

HELD DER ARBEIT

?!

»Herr Döner persönlich?«

Der Ostler hat sich in den Reihen der Bundeswehr rühmlich hervorgetan beim Kampf gegen das Oder-Hochwasser. Der Minister der Verteidigung möchte ihn dafür auszeichnen und läßt anfragen, was er vorziehen würde – das Bundesverdienstkreuz oder tausend Mark.

Ostler: »Wieviel kostet denn so ein Bundesverdienstkreuz?«

»Nun, der Materialwert beträgt höchstens eine Mark, Kamerad, aber in deinem Fall geht es ja um die Ehre.«

»Gut, machen wir's doch einfach so: Sie verleihen mir neunhundertneunundneunzig Mark, und das Kreuz gibt's gratis.«

4 *Westler unter sich*

Im Westen geht die Sonne auf

Kundin: »Eine Deutschlandfahne in Blau, bitte!«
Verkäuferin: »Tut mir leid, in Blau ist sie zur Zeit leider nicht am Lager – nur in Schwarz, Rot und Gold.«
Kundin: »Schön, dann nehme ich die in Gold.«

Neureich Eins: »Schau mal, diese herrliche Krawatte
hab ich in New York
für eintausend Mark gekauft.«
Neureich Zwei: »Pech für dich!
Die gleiche hättest du am Kudamm
schon für zweitausend gekriegt.«

Herr Gscheidle begleitet seine kranke Frau zum Arzt.
Doktor: »Ihre Frau, Herr Gescheidle, sieht aber gar nicht gut aus!«
Gscheidle: »Weiß ich, Herr Doktor, aber ihr Vater hat 'ne Menge Geld!«

Ein Türke betritt in Hamburg ein wohlassortiertes Waffengeschäft.

Türke:
»Haben Sie ein großes feststehendes Messer?«

Verkäufer:
»Nein.«

»Ein kleines feststehendes Messer?«
»Nein.«
»Einen Baseballschläger?«
»Nein.«
»Einen Dolch?«
»Nein.«
»Einen Revolver?«
»Nein.«
»Eine Maschinenpistole?«
»Nein.«
»Ein Maschinengewehr?«
»Nein.«
Dies sind einigermaßen befremdliche Auskünfte;
denn der Laden ist voller Maschinengewehre,
Maschinenpistolen, Revolver, Dolche,
Baseballschläger
und Messer aller Art.

Der Türke, argwöhnisch:
»Sagen Sie mal, haben Sie was gegen Türken?«

Verkäufer:
»Ja, Messer, Baseballschläger, Dolche, Revolver,
Maschinenpistolen und Maschinengewehre.«

Baron:

*«Was ich Ihnen schon lange
mal sagen wollte, Herr Graf:
Ich kann die Geschichte
meines Geschlechts
bis zu Kaiser Barbarossa
zurückverfolgen. Wie alt ist
eigentlich Ihre Familie?»*

Graf:

*«Weiß ich beim besten Willen
nicht, Baron!
Unsere Unterlagen sind
während der Sintflut komplett
verbrannt.»*

Am Tage nach der Wahl

Im Hause des ehemaligen Bundesministers R. klingelt das Telefon. Frau R. hebt ab.

ANRUFER: »Könnte ich den Herrn Minister sprechen?«

FRAU R.: »Tut mir leid, mein Mann ist nicht mehr Minister.«

Zehn Minuten später klingelt das Telefon erneut. Frau R. hebt ab.

ANRUFER: »Könnte ich den Herrn Minister sprechen?«

FRAU R.: »Ich hab Ihnen doch eben schon gesagt, daß mein Mann nicht mehr Minister ist! So was können Sie doch nicht vergessen haben!«

ANRUFER: »Das nicht, aber das kann ich einfach nicht oft genug hören.«

»Auf Grund der schlechten Wahlergebnisse hat die Fraktion ihnen zwar nicht direkt den Stuhl vor die Tür gesetzt, Herr Vorsitzender, aber vorsichtshalber schon mal die Beine etwas eingekürzt.«

»Er hatte heute früh einen teuren Hut von Karstadt auf. Wo ist der?«

Der Versicherungsvertreter zum sozial Schwachen: »Ich geb Ihnen einen guten Rat, sparen Sie um Himmels willen nicht am falschen Platz! Versichern Sie sich schleunigst gegen Unfall! Wenn Sie sich eine Hand brechen, zahlt Ihnen unsere Versicherung auf der Stelle zwanzigtausend Mark aus; brechen Sie sich ein Bein, zahlen wir sogar fünfzigtausend. Und wenn Sie Schwein haben und sich das Genick brechen, sind Sie ein gemachter Mann!«

★★★

Der erfolgreiche Geschäftsmann im Partnervermittlungs-Institut: »Reich muß sie nicht sein – reich bin ich selber. Tüchtig muß sie nicht sein – tüchtig bin ich selber. Gescheit muß sie nicht sein – gescheit bin ich selber. – Aber in einem Punkt kenn ich kein Pardon: Anständig muß sie sein!«

Warum braucht der Schüler im Osten nur zwölf Jahre fürs Abitur, im Westen dagegen dreizehn? *Weil ein Jahr Schauspielunterricht dabei ist.*

✤✤✤

Der Bundeskanzler als Kunde in der Buchhandlung: »Bitte die Gesammelten Werke von Goethe!«
Buchhändlerin: »Welche Ausgabe ...«
Bundeskanzler: »Da haben Sie auch wieder recht ... Wissen Sie was, ich überschlaf's noch mal.«

»Ohne Ausweise nehme ich Sie nicht ran – könnte ja jeder behaupten, er wäre Rentner.«

»Nein, nein, Herr Parlamentspräsident, Ihre Rede war prima und sie können auch nicht dafür, daß ein paar Abgeordnete mal einnickten. Schließlich waren die drei ganz allein im Saal.«

Der Bundesminister der Verteidigung angesichts eines wunderbunten Regenbogens: »Typisch deutsch! Dafür haben sie Geld, aber beim Eurofighter knausern sie!«

☆☆☆

Journalisten-Frage an den Kanzlerkandidaten nach der verlorenen Wahl: »Sind Sie nicht vielleicht doch ein bißchen traurig, daß Sie die Wahl verloren haben?« Kanzlerkandidat: »Ehrlich gesagt, nein. Ich bin sogar erleichtert! Was ich alles so versprochen hab, hätte ich sowieso nicht halten können.«

Sekretärin:

»Sie haben Besuch, Chef,

Da ist jemand, der möchte Sie

nach dem Geheimnis

Ihres Reichtums befragen.«

Chef:

»Presse oder Polizei?«

Das Wunder in der Savanne

Der Westler in der afrikanischen Savanne, von Löwen umzingelt. Seine Lage scheint hoffnungslos zu sein. Obwohl er schon jahrelang keinen Pfennig Kirchensteuer mehr bezahlt hat, bricht er zum Gebet in die Knie: »Oh, HERR, ich bin zum Sterben doch noch viel zu jung. Bitte, verschone mich, sende mir ein Zeichen deiner Gnade, befiehl den Löwen, sich wie echte Christen zu betragen!«

Und siehe, der HERR erfüllt ihm seinen Wunsch.

Als unser Freund, der Westler, aufblickt, sitzen alle Löwen mit gefalteten Händen andächtig um ihn herum und beten ihrerseits: »Komm, Herr Jesus, sei unser Gast und segne, was du uns bescheret hast!«

Vorschlag zur Verbesserung der finanziellen Situation unserer Krankenhäuser

Der Bundeswirtschaftsminister besucht die Frankfurter Börse und probiert einen Scherz: »Schade, daß ich Bundeswirtschaftsminister bin, sonst würde ich schleunigst Wertpapiere der Bundesregierung kaufen.« Börsenmakler: »Wenn Sie nicht Wirtschaftsminister wären, wäre ich mit von der Partie!«

»Wollen Sie für das Sonderangebot eine Tüte, oder soll ich's gleich hier wegschmeißen?«

Schnäppchen

Naegele will sich einen Porsche zulegen. Der Verkäufer führt ihm ein Exemplar vor, das seinen Vorstellungen entspricht. Naegele, nach der Probefahrt, spontan: »Den nehm ich! Wieviel soll er kosten?«
Verkäufer: »Genau hundertzwanzigtausendunddrei Mark.«
Naegele: »Hundertzwanzigtausend Mark hab ich cash dabei. Und die drei Mark, die machen den Kohl nicht fett, die verrechnen Sie mir doch bestimmt als Rabatt.«
»Sorry«, sagt der Verkäufer, »der Preis ist knallhart durchkalkuliert. Hundertzwanzigtausendunddrei – mein letztes Wort.«
Naegele macht sich kopfschüttelnd auf den Weg nach Hause, um die fehlenden drei Mark zu holen. An der nächsten Ecke sitzt ein Schnorrer und hat zufällig ein bißchen Hartgeld im Hut.
Das bringt Naegele auf eine Idee.
»Borg mir doch mal bis nachher drei Mark«, sagt er, »ich will mir aus dem Autogeschäft bloß schnell einen Porsche holen.«
»Okay«, sagt der Schnorrer, »hier haste sechs Mark. Bring mir einen mit!«

Eine Fliege im Weckglas – was ist das?

✤

Ein Tamagotchi für Westler.

OPA IST GESTORBEN. Elisabeth, die sechsjährige Enkelin, möchte Genaueres wissen: »Du, Oma, wo ist denn eigentlich Opa?«
Oma: »Tja, wie soll ich dir das erklären ... Der Opa, der ist nun auch da, wo wir alle mal hinkommen.«

»Dann weiß ich schon, Oma!

Auf Mallorca.«

***

Der Ostler sitzt, nichts Böses ahnend, in der Wüste. Kommt der Westler und sagt: »Mach dich nicht so breit, eh! Rück mal'n Stück!«

»Den PKW ›Trabant‹ vermache ich meinem Lieblingsneffen Michael.«

Euro-Witz

Ein Deutscher, ein Österreicher und ein Italiener planen einen Bankraub. Da die Führung des Unternehmens in den Händen unseres deutschen Landsmanns liegt, klappt der Überfall selbstverständlich wie am Schnürchen. Die Dreierbande erbeutet einen großen Haufen großer Scheine und macht sich ungesäumt an die Aufteilung der Beute. Der Deutsche nimmt sich selber einen Tausendmarkschein, schiebt dem Österreicher einen Tau-

»Ich weiß nicht, es könnte auch ein Gag der Sparkasse sein ...«

sendschillingschein rüber und dem Italiener einen Tausendlireschein, nimmt sich einen zweiten Tausendmarkschein, schiebt dem Österreicher einen zweiten Tausendschillingschein rüber, dem Italiener einen zweiten Tausendlireschein und so immer weiter. Der Italiener ist von dieser harmonischen Zusammenarbeit begeistert und sagt schwärmerisch zu dem Österreicher: »Hör mal, du kannst ja über den Deutschen sagen, was du willst, aber korrekt isser!«

Der Westler vor Gericht.

Richter:

»Angeklagter, Leugnen ist zwecklos! Ich habe drei Zeugen, die genau gesehen haben, wie Sie dem Herrn Ostler die Geldbörse aus der Tasche gezogen haben!«

Westler:

»Und ich, Hohes Gericht, kann Ihnen tausend Zeugen beibringen, die das nicht gesehen haben.«

***

Der Richter

spricht das Urteil über den angeklagten Westler und gibt ihm weise Lehren mit auf den ferneren Lebensweg: »Angeklagter, ich will doch stark hoffen, daß ich Sie zum letzten Mal hier im Gericht gesehen habe!«

Westler:

»Nanu, Herr Vorsitzender, gehen Sie in Urlaub?«

**Warum sind die Mitglieder
der bayrischen CSU
so perfekt im Jodeln?
Das liegt an der Spezialisierung;
könnten sie lesen,
würden sie singen.**

Skandal im Kaufhaus des Westens!

Ein Blinder, der im KaDeWe herzlich deplaziert wirkt, tappelt, geleitet von seinem Blindenhund, geradewegs in die Delikatessenabteilung. Mitten im Raum bleibt er stehen, packt seinen Hund am Schwanz und dreht sich wie ein Hammerwerfer mehrmals um die eigene Achse. Ebenso empörte wie tierliebe Berliner strömten zum Zwecke des Protests zusammen: »Sie Unmensch, was machen Sie denn da mit ihrem armen Hund?!«
Sagt der Blinde cool: »Man wird sich doch wohl noch mal umsehen dürfen!«

»Zu den Pommes mit Ketchup würde ich einen Beaujolais primeur empfehlen.«

Der engste Mitarbeiter des Ministers ist gestorben. Der Trauer zum Trotz ist wie stets in solchen Fällen ein karrierebewußter Aufsteiger zur Stelle, um sich dem Minister anzudienen: »Was halten Sie davon, Herr Minister, wenn ich künftig die Position des Verstorbenen einnehme?«
Minister: »Würde mich freuen, reden Sie doch mal mit dem Bestatter.«

Was den deutschen Politiker auszeichnet:
ein so dickes Fell,
daß er auch ohne Rückgrat aufrecht stehen kann
zu einer Gesinnung seiner Wahl.

»Zu Beginn der heutigen Tagung zwei wichtige Mitteilungen: Die Gattin des Kanzlers bietet einen Kochkurs an, und der Bildungsminister läßt anfragen, ob jemand an einem Blockflötenlehrgang teilnehmen möchte.«

Die Bundesfamilienministerin ist durch die Fahrschulprüfung gefallen.
Der Prüfer hatte aber auch eine verdammt knifflige Frage gestellt: »Welches Verkehrsschild, Frau Ministerin, fällt Ihnen am Straßenrand ganz besonders auf?«
Bundesfamilienministerin, wie aus der Pistole geschossen: »Das Schild FRISCHE EIER!«

Warum wird
im Deutschen Bundestag
so furchtbar viel
gesoffen?

★★★★★

Weil es für Politik
im Vollrausch
mildernde Umstände
gibt.

Die Leser fragen nicht, wir antworten trotzdem:
Wie war es nur möglich, daß ausgerechnet so einer wie der Roman Herzog Präsident der Bundesrepublik Deutschland werden konnte?
Das liegt am Grundgesetz. Artikel 54 GG besagt:
»Bundespräsident kann jeder werden.«

ICH WERDE DREI MANN AUS MEINER BELEGSCHAFT ENTLASSEN MÜSSEN.
UND WIE GROSS IST DEINE BELEGSCHAFT?
DREI MANN.

Fahndung

Das Bundeskriminalamt
veröffentlicht eine Schreckensbilanz:
Allein im Vormonat
sind 5992 Massenmörder
aus bundesdeutschen Haftanstalten
entwichen.

Hier die Personenbeschreibung:
Ihr Gesamtgewicht beträgt 418 831 Kilo,
ihre Gesamtkörperhöhe 10 392 Meter,
ihr Gesamtalter 271 532 Jahre.

Sachdienliche Hinweise, die auf Wunsch
vertraulich behandelt werden,
nehmen alle Polizei-
dienststellen
entgegen.

Kennwort:
Bitte, melde dich!

Das alternative Grundgesetz

Art. 1 »Recht auf Irrtum«
Wo Grundgesetz draufsteht, muß durchaus nicht unbedingt Grundgesetz drin sein.

Art. 2 »Naturrecht«
Jeder Deutsche hat das Recht auf einen bewachten Parkplatz in landschaftlich reizvollem Ambiente.

Art. 3 »Schutz der Menschenwürde«
Jeder Deutsche hat das Recht auf einen Fünfer mit Zusatzzahl.

Art. 4 »Versammlungsfreiheit«
Durst wird durch Bier erst schön.

Art. 5 »Freiheit der Meinung«
Wer am lautesten schreit, hat am meisten recht.

Art. 6 »Nationalität«
Deutsch sein heißt, eine Sache um seiner selbst willen tun.

Art. 7 »Finanzen und Kreditwesen«
(1) Geld ist nicht alles, aber es hat einen Riesenvorsprung vor allem, was danach kommt.
(2) Niemand darf wegen seines Kontostands in seiner persönlichen Ehre gekränkt werden.

Art. 8 »Freiheit der Berufsausübung«

(1) Niemand darf gegen seinen Willen zur Erwerbslosigkeit gezwungen werden, es sei denn, er wird erwerbslos aus Gründen der Personalentsorgung.

(2) Wer seine Arbeit verliert, hat das Recht, ersatzweise sein Geld für sich arbeiten zu lassen.

(3) Die Rentner sind sicher, jedoch nur bis Einbruch der Dunkelheit.

Art. 9 »Rechtsbrechung«

Bundesrecht bricht Landesrecht, Landesrecht bricht Sorgerecht.

Art. 10 »Namensrecht«

Alle Macht geht von Volker aus.

Art. 11 »Freie Senderwahl«

Wissenschaft und Kunst sind frei – mit Ausnahme von Pay-TV.

Art. 12 »Pressefreiheit«

Montag ist FOCUS-Tag.

Art. 13 »Reisefreiheit«

Stirbt ein Deutscher während einer Dienstreise, so gilt die Dienstreise damit als beendet.

Geheimes Zusatz-Protokoll
zum Gesetz über die Befugnisse
des Kanzlers der
Bundesrepublik Deutschland

Amtseid des Kanzlers

»Ich schwöre,

Schaden im deutschen Volke anzurichten,

so wahr mir
Gott helfe.«

Bitte recht feindlich!

Ostlers Nachruf

Werter Genosse Erich *HONECKER*!

Mag der Klassenfeind über dich verbreiten, was er will – wir ehemaligen Bürger der ehemaligen DDR wissen besser als jeder andere, daß wir *DIR* unendlich viel zu verdanken haben. In den Jahren *DEINES* historischen Wirkens für das Wohl des Volkes hatten wir, obwohl wir uns die Welt noch gar nicht angeschaut hatten, bereits eine Weltanschauung! Wir waren weltweit führend in der Planerfüllung! Ganz gleich, wie die Nachwelt dies beurteilen mag – ein spezielles Verdienst jedenfalls können die Lohnschreiber des Kapitals *DIR*, hochverehrter, unvergessener Genosse *HONECKER*, nicht streitig machen, auch wenn sie noch so gerne möchten: *DU* bist der einzige deutsche Staatsmann, der sein Leben erfolgreich einem ganz besonders edlen Ziel geweiht hatte: *DU* hast uns die Westler vierzig Jahre lang vom Leibe gehalten.

Dank, Dank, Dank!

»Natürlich haben wir auf dem Revier eine Ausnüchterungszelle, aber ich geh lieber nach Hause.«

Der Ostler begegnet dem Westler auf der Straße und haut ihm ohne Vorwarnung eine aufs Maul. Westler ratlos: »Warum, wieso, weshalb?« Ostler: »Solidaritätszuschlag!«

»Möchtest du den Tag mit Aspirin von Bayer beginnen oder mit einer Beruhigungstablette vom Arzneimittelwerk Dresden?«

Kidnapping-Ost

Drei werdende Väter – ein Ostler, ein Westler und ein Neger – trippeln aufgeregt vor dem Kreißsaal von einem Fuß auf den andern. Endlich kommt Schwester Stefanie mit der frohen Botschaft: »Herzlichen Glückwunsch! Jeder von Ihnen hat einen prächtigen Sohn bekommen. Allerdings«, fügt sie kleinlaut hinzu, »ist uns ein kleines Malheur passiert ... Wir haben in der Eile die Babys vertauscht und machen Ihnen das folgende Angebot: Jeder darf sich eins aussuchen.« Der Ostler schaltet am schnellsten, schnappt sich das Negerbaby und will sich damit aus dem Staub machen. Kopfschüttelnd weist ihn Schwester Stefanie darauf hin, daß er in der Eile das Negerbaby erwischt habe.
Ostler: »Egal – Hauptsache, nicht den kleinen Wessi!«

»Der Räuber sprach gebrochen deutsch. Ich denke, es war ein Rumäne, ein Russe oder Bayer.«

Rambo erscheint mit entsicherter Maschinenpistole im Plenarsaal des Deutschen Bundestages. Alle Volks-Vertreter springen erschrocken auf.
Rambo: »Wer von euch ist der Gysi?«
Alle zeigen mit Fingern schadenfroh auf Gysi.
Rambo: »Gregor, volle Deckung!«
Gysi wirft sich blitzschnell zu Boden.
»Rattattattata ...«
Das war der blutige Tag, an dem Rambos MPi das deutsche Parlament liquidierte, von Gysi mal spaßeshalber abgesehen.

»Das ist die trauernde Witwe, die diese wundervolle Beisetzungsfeier ganz allein finanziert hat. Erzählen sie mal den Gästen, wie Sie das alles geschafft haben.«

Was ist ein Westler im Salzsäurefaß? Ein ungelöstes Problem.

✝✝✝

Stille Nacht, heilige Nacht

Westler: »Weißt du was, Ossi, wir machen uns ein gemeinsames Weihnachtsgeschenk! Du kaufst mir ’ne Knarre, und ich geb die die Kugel.«

Ostler:
»Verzeihen Sie –
Sie schulden mir noch
hundert Mark!«

Westler:
»Schon verziehen!«

»Wenn du das Ohr an die Wand hältst, kannst du die Geldscheine knistern hören.«

»Ihr Freund ist Angestellter beim Finanzamt. Schmeiß ein bißchen mit Geld rum, damit er sich heimisch fühlt.«

Der Ostler ist pleite und klagt: »Mein Geld ist weg! Mein ganzes Geld ist weg!«
Dem Banker gelingt es, ihn zu trösten: »Erzähl nicht solchen Blödsinn, Ossi! Dein Geld ist doch gar nicht weg, das hat jetzt nur ein anderer.«

✦✦✦

Ostler, voller Bitternis zum Westler: »Ich bin sooo enttäuscht von Ihnen!«
Westler. »Nanu, warum denn das?«
Ostler: »Sie haben einfach das Versprechen gebrochen, das Sie mir gegeben hatten.«
Westler: »Halb so schlimm, mein Lieber – ich geb Ihnen ein neues.«

Demnächst beabsichtigt der Deutsche Bundestag, einen neuen Gruß speziell für die fünf neuen Bundesländer zu beschließen. Die Grußerweisung ist folgendermaßen auszuführen:

Wir erheben einen Arm – um Verwechslungen zu vermeiden, möglichst den linken.

1

Wir spreizen alle Finger deutlich ab.

2

Dieser Gruß, der besonders das Zusammengehörigkeitsgefühl der ostdeutschen Erwerbslosen stabilisieren könnte, bedeutet:
Ich komme aus den eins, zwei, drei, vier, fünf neuen Bundesländern und mache keinen Finger krumm.

Blitzgespräch

Ein Gewitter zieht auf. Ostler und Westler gehen gemeinsam über freies Feld. Der erste Blitz schlägt kurz vor dem Westler ein.
Der Ostler droht mit der Faust zum Himmel empor: »Naaa ...«
Der zweite Blitz detoniert kurz hinter dem Westler. Der Westler blickt mit wachsender Besorgnis himmelwärts.
Der Ostler droht in Richtung Petrus: »Na, na!«
Der dritte Blitz ist ein Treffer.
»Na, also!« sagt der Ostler. »Warum denn nicht gleich so?!«

»Ich wünschte, Seine Eminenz würde sich wieder Pausenbrote mitbringen, wie früher.«

Menschen im Hotel

Der Ostler hat in einem Düsseldorfer Hotel übernachtet und beschwert sich über die hohe Hotelrechnung. »Mein Herr«, sagt der Hotelmanage«, das ist in unserem Haus der normale Preis für ein Doppelzimmer mit Fernseher.«
Ostler: »Aber wir haben den Fernseher doch gar nicht benutzt!«
Hotelmanager: »Aber er stand Ihnen zur Verfügung.«
Ostler: »Wenn's so ist, berechne ich Ihnen natürlich auch, daß Sie mit meiner Frau geschlafen haben.«
Hotelmanager: »Mein Herr, das trifft doch aber gar nicht zu!«
Ostler: »Richtig, aber sie stand Ihnen zur Verfügung.«

Rätselhafte Heldenstadt

Nichts Böses ahnend, schlendert der Westler in Leipzig den Bürgersteig entlang. Plötzlich bremst direkt neben ihm auf der Fahrbahn mit dramatisch quietschenden Reifen eine geheimnisvolle Limousine. Drei Kidnapper springen heraus, zerren den überraschten Westler in den Fond des Wagens und brausen davon.

Frage:

Wie heißt die Automarke des Entführerfahrzeugs?

Antwort: FORD – die tun was!

Urteil des Bundesgerichtshofs

**Das Prinzip
Rückgabe vor Entschädigung
gilt nicht für Ansprüche
aus den Bauernkriegen,
es sei denn,
der Lehnsherr
hätte dies ausdrücklich
in einem notariell
beglaubigten Testament
so festgelegt.**

Aloa he!

Ostler und Westler in der Südsee. Beide haben Schuld auf sich geladen, über die wir an dieser Stelle weder reden noch rechten wollen. Beide werden nach den Gesetzen des Landes vom Gericht zu je hundert Stockhieben verurteilt. Das Gesetz sieht vor, daß jeder der beiden Delinquenten vor der Vollstreckung einen Wunsch äußern darf.
»Euer Ehren«, fleht der Westler, »bitte, bitte, lassen Sie mir vor der Auspeitschung ein schönes, weiches Kissen auf meinen zarten Allerwertesten binden.«
Der weise Richter erfüllt ihm diesen Wunsch und wendet sich dem Ostler zu: »Nun zu deinem Wunsch, mein Sohn ...«
Ostler: »Mein Wunsch ist bescheiden, hohes Gericht, mir reicht es, wenn Sie mir den Westler auf den Arsch binden!«

»Das Gericht sollte das hohe Alter meines Mandanten berücksichtigen. Als er das Finanzamt anzündete, war er immerhin schon zweiundvierzig Jahre alt.«

Kleines Bekenntnis

**Seit ich
die Westler
kenne,**

**liebe ich
die Sachsen!**

6 *Der Index*

So nicht!

In der Welt der Arbeit ist es eine eher läßliche Sünde, daß sich ein Ostler, wenn er keinen anderen Ausweg mehr sieht, dem Westler auch mal auf breiter Schleimspur von hinten nähert und den rektalen Zugang vollzieht. Daß er allerdings im Eifer der Gesprächs gelegentlich verbal unter die Gürtellinie abtaucht, kann nicht toleriert werden. Was zu tief ist, ist zu tief!
Die folgenden sogenannten Gags stehen von heute an auf dem Index der verbotenen Pointen. Ihre Verbreitung ist bundesweit untersagt. Ihre Lektüre wird in der vorliegenden Monographie erschwert bis verunmöglicht, und zwar durch flächendeckende Schwärzung:

Warum können Westler
keinen Rinderwahn
kriegen?

Weil es alles
Schweine sind.

Der Unterschied
zwischen einem BH
und dem Bündnis für Arbeit:
Der BH ist
für die Brust,
das Bündnis für Arbeit
ist für'n Arsch.

Der Unterschied
zwischen
einem Kuhschwanz
und
der Krawatte
des Westlers:

Im Unterschied
zum Schlips verdeckt
der Kuhschwanz
das Arschloch
voll und ganz.

Woraus wird
der Ostler gemacht?
Aus Wasser,
Lehm und Scheiße.

Aber Vorsicht!

Die Scheiße
bitte sehr sorgfältig
dosieren,
damit's
kein **WESTLER** wird.

Der Unterschied
zwischen
dem Osthund
und
dem Westhund:

Der Osthund
hat das Arschloch
genau an der Stelle,
wo es hingehört;
der Westhund dagegen
führt es

an der Leine.

Ländliche Idylle in den fünf neuen Bundesländern. Der Hofhund betritt den Schweinestall eines Wiedereinrichters, leckt das verdutzte Schwein am Arsch und verschwindet ohne ein Wort der Erklärung. Fünf Minuten später wiederholt sich der ebenso rätselhafte wie fäkalische Vorgang. Das verdutzte Schwein ist noch immer sprachlos. Nach weiteren fünf Minuten erscheint der kesse Hofhund ein drittes Mal. Nun endlich gelingt es dem Schwein, ihn mit einem empört-verzweifelten WARUM? zur Rede zu stellen. Der Hund jedoch hat, wie sich rausstellt, einen plausiblen Grund für seine ausgefallenen Zärtlichkeiten: Vor einer Viertelstunde erst hat er einen Westler gebissen.
»Und nun«, klagt er, »werd ich einfach den Geschmack nicht mehr los!«

Wegen Gefährdung des inneren Friedens sehen wir uns im Falle der folgenden Definition gezwungen, den Text nicht nur zu schwärzen, sondern darüber hinaus vorsorglich in Spiegelschrift zu setzen.

Spiegel-Leser wissen mehr!

Frage:

Wie nennt man einen Westler auf der Rolltreppe?

Antwort:

Scheiße am laufenden Band.

So nicht, Herrschaften!

So – bitte! – nicht. Es ist unzulässig, alle Westler, nur weil sie zufällig Westler sind, unsortiert und ohne Einzelfallprüfung auf ein und dieselbe Rolltreppe zu stellen. Sie sind nicht alle schlecht. Es gibt Ausnahmen. Es gibt auch nette Wessis. Einer von ihnen wurde kürzlich in Vorpommern beobachtet, als er eine gute Tat vollbrachte, die es verdient, mit goldenen Lettern im Buch der guten Taten verewigt zu werden:

Aus: Berliner Zeitung vom 8. April 1998

Auf dem Weg zur Einheit

In der östlichsten aller deutschen Gegenden, in Ost-Vorpommern, speisten zwei Damen in einem Hotel an der Peene. Als die beiden, sie kamen aus Prenzlau, abfahren wollten, sprang ihr Wagen nicht an. Ein junger Mann erbot sich zu helfen. Er bekam das Auto wieder flott, und die Prenzlauerinnen waren sehr dankbar. Beim Abschied versuchten sie herauszubekommen, woher der nette Herr denn wohl komme. „Sie sind zu Gast hier?“ „Ja.“ „Wo wohnen Sie sonst?“ „In Berlin.“ „Mmh“ drucksten die Frauen herum, bis eine von ihnen fragte: „West- oder Ost-Berlin?“ „Schöneberg“, antwortete der Mann. Die Frauen blickten sich kurz an, dann sagte die eine: „Na ja, es gibt auch nette Wessis.“

... und tschüß!

Eine kleine Schlußabrechnung

Es ist unzweifelhaft sehr schön,
wenn wir die Freunde kommen sehn;
schön ist es ferner, wenn sie bleiben
und sich mit uns die Zeit vertreiben;
doch wenn sie endlich wieder gehn,
ist's auch ganz schön.

Wilhelm Busch

Wir hätten es nicht nötig gehabt damals, 1989. Andererseits war es mal 'ne Abwechslung, und wir sollten es uns gegenseitig nicht verargen, daß wir mal was Neues versucht haben. Erst recht aber sollten wir uns nicht mehr länger was vormachen:

Das deutsch-deutsche Experiment ist gescheitert.

ENDGÜLTIG.

- Schon fünf Jahre waren genug.

- Sechs Jahre waren
  mehr als genug.

- Zehn Jahre sind
  entschieden zuviel.

- Im elften Jahr beginnen
  die Tierversuche.

- Die Einheit Deutschlands ist
  weder möglich
  noch wünschenswert.

- Erst durch die leichtsinnige
  Vereinigung ist die Teilung
  Deutschlands vollendet
  und zementiert worden.

- **Was nicht zusammengehört, wird nie zusammenwachsen.**

- **Das allerletzte gemeinsame Ost/West-Projekt wird der Bau einer neuen Mauer sein.**

»Manchmal hat man Glück, und es kommt noch was raus!«

Der Umzug der Bonner Regierung nach Berlin fällt aus und wird, soweit bereits vollzogen, schleunigst rückgängig gemacht. Ob der westdeutsche Kanzler Helmut, Gerhard, Harald Schmidt oder Hans Meiser heißt, ist piepe. Der DAX geht uns ebenso am Gesäß vorbei wie der shareholder value.

Herzlich gern hätten wir das Tischtuch schon eher zerschnitten, doch leider war lange Zeit nicht klar, wie wir auf halbwegs redliche Weise zu Geld kommen, wenn der finanzielle Ost-West-Transfer demnächst versiegt.

Wir haben die Lösung gefunden.

Da die Arbeitslosenquote im Osten unaufhaltsam der 100-Prozent-Marke zustrebt, scheidet kräftezehrende Erwerbsarbeit als Finanzierungsquelle von vornherein aus. Zum Glück gibt es einen angenehmeren Weg, nämlich diesen: Die 16-Millionen-Bevölkerung Ostdeutschlands schließt sich mit dem machtvollen Ruf

»Wir sind ein Lotto-kollektiv!«

zu einem Lottokollektiv zusammen, räumt in Zukunft Woche für Woche im Samstags-Lotto den Jackpot ab, und schon rechnet sich die Wiederverzweinigung!

So gewinnen wir garantiert im 1. Rang (6 Richtige plus Superzahl)

Das Lottokollektiv der 16 Millionen spielt Vollsystem. Es bereitet

139 838 160 verschiedene Tips

vor und gibt diese bei der nächsten besten Lotto-Annahmestelle ab. Da jeder Tip 1,25 DM kostet, laufen zunächst Kosten von 174 797 700, - DM auf.

Je Schein (10 Tips) erhebt der Deutsche Lottoblock außerdem eine Bearbeitungsgebühr von 0,50 DM, insgesamt also **69 919 080, - DM,** eine Zwischensumme, die, addiert mit 174 797 700, - DM, eine Gesamtsumme von

Zweihundertvierundvierzigmillionen-siebenhundertsechzehntausend-siebenhundertachtzig Mark

(in Ziffern: **244 716 780, - DM)**

ergibt. Das ebenso Erstaunliche wie Erfreuliche: Jeder einzelne Spieler der Lotto-Solidargemeinschaft braucht wöchentlich nur den geringfügigen Beitrag von

15,30 DM

beizusteuern. Wenn tatsächlich jeder mit 15,30 DM pro Person dabei ist, Freunde, haben wir alle bald das große, dicke Jackpot-Los im Sack!

Und so geht es weiter:
Die eine Hälfte des Gewinns wird im Geiste unverbrüchlicher Gleichheit und Gerechtigkeit durch 16 Millionen geteilt und dient der Refinanzierung neuer Lottoerfolge.
Mit der anderen Hälfte des Gewinns gründen wir die Ostdeutsche Bank (OB), ein gewaltiges, global boomendes Kreditinstitut, das, seit Luxemburg zunehmend an Standortqualität verliert, speziell unseren westdeutschen Großkunden erstklassige Möglichkeiten bietet, hinterzogene Steuergelder in Milliardenhöhe risikolos zu deponieren. Da eiskalte Profis wie Stasischergen, Mauerschützen, Betonköpfe und gedopte DDR-Boxer die OB bewachen, sind die grauen Milliardensummen gegen den Zugriff der Bonner Steuerfahndung zuverlässig und nachhaltig geschützt.

Liebe Westlerinnen und Westler!
Es wird uns ein Vergnügen sein, mit eurer Kohle zu arbeiten. Die internationalen Börsen werden noch viel Freude an uns haben.
Und euch, Ihr Lieben,
schicken wir jedes Jahr zu Weihnachten ein Ostpaket.

Macht's gut!
Wir telefonieren ...

ISBN 3-359-00930-4

Dritte Auflage

Das Neue Berlin Verlags GmbH & Co. KG
Rosa-Luxemburg-Str. 39, 10178 Berlin
Gesamtgestaltung: Jens Prockat

Druck und Bindung:
Freiburger Graphische Betriebe